Die Bund-Länder-Beziehungen in Deutschland

Eine kritische Betrachtung der föderalen Ordnung Deutschlands während der Corona-Pandemie

Ali Assadi

Bibliografische Information der Deutschen Nationalbibliothek:

Die Deutsche Nationalbibliothek verzeichnet diese Publikation in der Deutschen Nationalbibliografie; detaillierte bibliografische Daten sind im Internet über http://dnb.d-nb.de abrufbar.

ISBN: 9783346451187
Dieses Buch ist auch als E-Book erhältlich.

Druck und Bindung: Books on Demand GmbH, Norderstedt Germany
Gedruckt auf säurefreiem Papier aus verantwortungsvollen Quellen

Das vorliegende Werk wurde sorgfältig erarbeitet. Dennoch übernehmen Autoren und Verlag für die Richtigkeit von Angaben, Hinweisen, Links und Ratschlägen sowie eventuelle Druckfehler keine Haftung.

Das Buch bei GRIN: https://www.grin.com/document/1035975

NBS Northern Business School
Wirtschaft & Politik
SoSe 2021

Bund-Länder-Beziehungen in Deutschland

Ali Assadi
Abgabedatum: 30.04.2021

Inhalt

Abbildungsverzeichnis

1. Einleitung

Während es einerseits Einheitsstaaten wie Frankreich, Großbritannien oder Schweden gibt, in denen die Staatsgewalt zentral und über das gesamte Staatsterritorium ausgeübt wird, gibt es andererseits Länder, die bundesstaatlich organisiert sind. Hierbei handelt es sich um Staaten wie etwa die USA, Österreich oder die Bundesrepublik Deutschland, deren Gesamtstaaten sich aus mehreren Gliedstaaten zusammensetzen.[1]

Der bundesstaatliche Charakter der Bundesrepublik Deutschland hat historische Wurzeln und geht bis in das 19. Jahrhundert zurück. Mit der Gründung des Norddeutschen Bundes im Jahre 1866 und des Deutschen Reiches im Jahre 1871 wurde ein Staat basierend auf dem Grundgedanken des Föderalismus geschaffen.[2] Zudem ist die Staatsform des Bundesstaates verfassungspolitisch vorgegeben und seit der Verabschiedung des Grundgesetzes im Jahre 1949 gesetzlich verankert. Für die Bundesrepublik heißt das: Sechszehn Bundesländer mit staatlichen Attributen, die gemeinsam mit der Bundesregierung den Gesamtstaat bilden.[3]

Die Beziehungen zwischen den einzelnen Bundesländern und dem Bund sind oft Gegenstände der Medien und stehen nicht selten aufgrund bestimmter Entscheidungen unter Kritik. Nicht zuletzt der Ausbruch des neuartigen Coronavirus und die damit verbundene Pandemiesituation machte noch einmal deutlich, dass die Beziehungen und Zusammenarbeit von Bund und Ländern von großer Bedeutung sind.[4]

1.1. Gang der Untersuchung

Im Zuge dieser wissenschaftlichen Hausarbeit wird zunächst einmal auf grundlegende Begriffe eingegangen, die zu einem besseren Verständnis der Thematik verhelfen sollen. Was unter Begrifflichkeiten wie „Föderalismus" oder „Bundesstaatlichkeit" zu verstehen ist wird zu Beginn geklärt. Im Anschluss daran wird auf die Beziehungen zwischen dem Bund und den Ländern eingegangen. Dabei werden die unterschiedlichen Kompetenzen beziehungsweise Aufgaben von Bund und Ländern voneinander abgegrenzt. Auch die Finanzbeziehungen zwischen dem Bund und den Ländern werden thematisiert. Und um die zentrale Fragestellung, welche Aspekte dazu beitragen, dass die Kritik an der föderalen Ordnung wächst, besser beantworten zu können, werden zudem auch Vor-und Nachteile der föderale Ordnung Deutschlands genannt und be-

---

[1] Vgl. Schmidt (2018), S. 14

[2] Vgl. Papier (2018), S. 11

[3] Vgl. Von Beyme (2016), S. 378

[4] Vgl. https://www.tagesschau.de/inland/innenpolitik/bund-laender-streit-ueber-corona-politik-101.html (Stand: 05.04.2021, 11:15 Uhr)

schrieben. Abschließend wird auch die aktuelle Corona-Pandemie mit eingebunden gefolgt von einem Fazit und einem Ausblick.

Für die Ausarbeitung wurden unterschiedliche Quellen aus der Fachliteratur genutzt. Aber auch das Internet wurde als Quelle genutzt, da hier zum Teil aktuelle Informationen vorzufinden waren, die eine Relevanz für die Themenstellung darstellten.

2. Der Föderalismus und die Bundesstaatlichkeit

2.1. Föderalismus

Um das politische System der Bundesrepublik Deutschland besser nachvollziehen zu können, ist es zunächst einmal wichtig grundlegende themenbezogene Begriffe zu definieren. Hierunter fällt der Begriff *Föderalismus*, der als Grundlage der staatlichen Organisation dient.

Etymologisch betrachtet stammt der Ausdruck *Föderalismus* aus dem Lateinischen „foederātio" und steht für „Verbindung" oder „Vereinigung".[5] Im politischen Kontext versteht man unter dem Begriff ein staatliches Ordnungsprinzip, welches seit 1949 auch im deutschen Grundgesetz verankert ist. Dabei sollen staatliche Aufgaben zwischen unterschiedlichen politischen Ebenen, nämlich der Bundesebene und den einzelnen Gliedstaaten, aufgeteilt und eigenständig erledigt werden. Zudem unterscheidet man auch zwischen unterschiedlichen Varianten der föderalen Ordnung, wobei der sogenannte kooperative Föderalismus am ehesten auf die Bundesrepublik Deutschland zutrifft. Im Fokus steht hierbei die enge Kooperation und die gegenseitige Rücksichtnahme zwischen dem Bund und den einzelnen Gliedstaaten.[6]

2.2. Bundesstaatlichkeit

Die Staatsform des Bundesstaates beschreibt generell einen Staat, dessen Gesamtstaat sich aus mehreren Gliedstaaten zusammensetzt. Hierzulande ist jene Staatsform durch das Grundgesetz fest verankert, wonach die Bundesrepublik Deutschland ein „demokratischer und sozialer Bundesstaat"[7] ist. Die bundesstaatliche Ordnung ist zudem mit einer Ewigkeitsgarantie versehen, was eine Änderung oder Beseitigung der föderalen Struktur strikt untersagt.[8]

Die Gliedstaaten der Bundesrepublik sind seit der deutschen Wiedervereinigung im Jahr 1990 die Bundesländer, bestehend aus dreizehn Flächenländer und drei Stadt-

---

[5] Vgl. https://www.dwds.de/wb/Föderalismus (Stand: 07.04.2021, 14:00 Uhr)

[6] Vgl. https://www.bmi.bund.de/DE/themen/verfassung/staatliche-ordnung/foederalismus-und-kommunalwesen/foederalismus-und-kommunalwesen-node.html (Stand: 08.04.2021, 12:45 Uhr)

[7] Vgl. Artikel 20 Absatz 1 Satz 1 Grundgesetz der Bundesrepublik Deutschland (GG)

[8] Vgl. Schubert (2018), S. 68

das einwohnerstärkste Bundesland ist.[9]

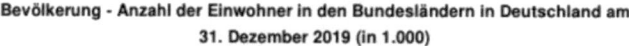

Bevölkerung - Anzahl der Einwohner in den Bundesländern in Deutschland am 31. Dezember 2019 (in 1.000)

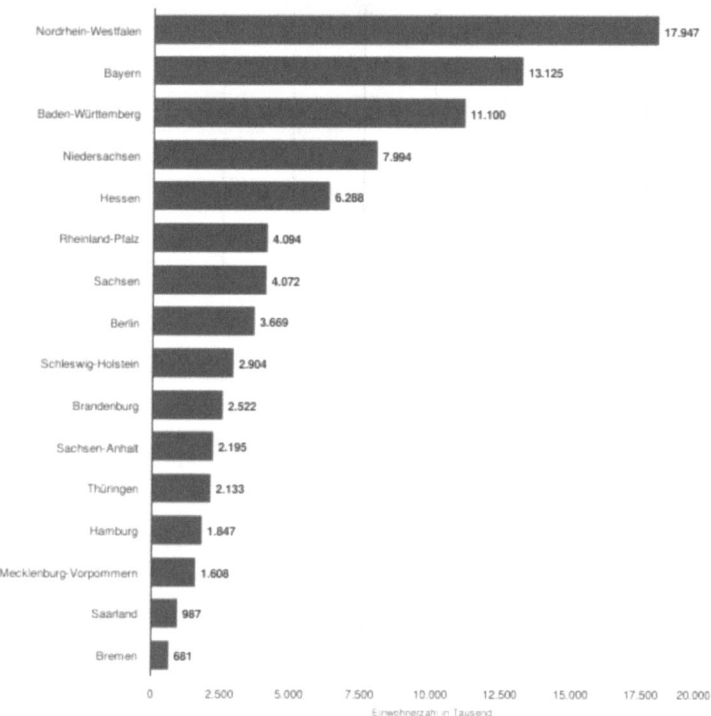

Abbildung 1: Anzahl der Einwohner in den Bundesländern[10]

Das Prinzip der bundesstaatlichen Ordnung darf zwar nicht geändert oder beseitigt werden, allerdings besteht nach dem Artikel 29 im Grundgesetz die Möglichkeit die bereits bestehenden Bundesländer neu zu gliedern. Eine Neugliederung der Bundesländer könnte etwa kulturellen oder wirtschaftlichen Zwecken dienen.[11]

3.   Die Beziehungen zwischen Bund und Ländern

Grundsätzlich ist die Bundesrepublik insgesamt als eine Einheit im politischen als auch im rechtlichen und wirtschaftlichen Sinne zu sehen. Das heißt, dass durch das Grund-

---

[9] Vgl. Schubert (2018), S. 67

[10] Vgl. https://de.statista.com/statistik/daten/studie/71085/umfrage/verteilung-der-einwohnerzahl-nach-bundeslaendern/

[11] Vgl. Schubert (2018), S. 68

gesetz länderübergreifend im gesamten Bundesgebiet die ein und dieselbe Verfassung gilt. Zudem gibt es ein Parlament, nämlich den Deutschen Bundestag mit Sitz in der Hauptstadt Berlin sowie eine gemeinsame Bundesregierung.[12]

Entscheidend für den föderalen Staat ist allerdings die Verteilung von Kompetenzen beziehungsweise Aufgaben zwischen dem Bund und den einzelnen Bundesländern.

3.1. Kompetenzen und Aufgaben des Bundes

Im Allgemeinen ist festzustellen, dass der Bund im Wesentlichen für die Gesetzgebung verantwortlich ist. Da aber im föderalen System die Staatsgewalt geteilt ist, besteht damit auch für die Bundesländer die Möglichkeit der Gesetzgebung. Aus diesem Grund wird prinzipiell zwischen dem Bundes- und Landesrecht unterschieden.[13]

Im Hinblick auf die Gesetzgebung beschreibt das Grundgesetz in den Artikeln 71-75 den Unterschied zwischen der sogenannten *ausschließlichen* und *konkurrierenden* Gesetzgebung. Unter der Bezeichnung *ausschließliche Gesetzgebung* versteht man, dass nur der Bund dazu berechtigt ist in bestimmten Bereichen Gesetze zu verab-schieden. Genauer wird dies im Artikel 73 des Grundgesetzes thematisiert, wo insge-samt vierzehn Punkte genannt werden. Einige Beispiele hiervon sind: Angelegenheiten der Außenpolitik, des Luftverkehrs oder des Schutzes der zivilen Bevölkerung.[14]

Der Bereich der *konkurrierenden* Gesetzgebung umfasst vergleichsweise weitaus mehr Gebiete. Konkret bedeutet dieser Bereich der Gesetzgebung, dass die Bundes-länder nur dann zur Gesetzgebung befugt sind, „solange und soweit der Bund von sei-ner Gesetzgebungszuständigkeit nicht durch Gesetz Gebrauch gemacht hat."[15] Unter bestimmten Voraussetzungen kann der Bund also auch in Bereiche wie das Arbeits- oder Strafrecht tätig werden.[16]

3.2. Kompetenzen und Aufgaben der Länder

Charakteristisch für das föderale System ist die Eigenstaatlichkeit der einzelnen Bun-desländer. So besitzen etwa die Länder ihre eigenen Verwaltungen, Regierungen, Par-lamente und Gerichte.[17] In bestimmten Bereichen können sie im Rahmen ihrer jeweili-gen Landespolitik eigene Gesetze und Regelungen festlegen. Hierunter fallen zum Beispiel die länderspezifische Bildungspolitik oder der Bereich der Inneren Sicherheit.

---

[12] Vgl. https://www.bpb.de/nachschlagen/lexika/pocket-politik/16355/bundesstaat (Stand: 12.04.2021, 19:00 Uhr)

[13] Vgl. https://www.bundestag.de/parlament/aufgaben/gesetzgebung_neu/gesetzgebung/bundesstaatsprinzip-255460 (Stand: 13.04.2021, 18:40 Uhr)

[14] Vgl. https://www.gesetze-im-internet.de/gg/art_73.html (Stand: 15.04.2021, 10:00 Uhr)

[15] Vgl. Artikel 72 Absatz 1 Satz 1 Grundgesetz der Bundesrepublik Deutschland (GG)

[16] Vgl. https://www.bundestag.de/parlament/aufgaben/gesetzgebung_neu/gesetzgebung/bundesstaatsprinzip-255460 (Stand: 16.04.2021, 19:25 Uhr)

[17] Vgl. https://www.bpb.de/izpb/159364/landespolitik?p=0 (Stand: 17.04.2021, 12:30 Uhr)

Neben diesen Bereichen haben die Länder auch die Aufgabe sich um Angelegenheiten wie etwa im Bereich Kultur, dem öffentlichen Personennahverkehr oder die Ausbildung und Versorgung von Landesbeamten zu kümmern.[18]

Die Form des kooperativen Föderalismus ist gekennzeichnet durch die enge Zusammenarbeit zwischen dem Bund und den Ländern. Diese ermöglicht es den Ländern an wichtigen politischen Entscheidungen teilzuhaben. So können etwa die Länder über den Bundesrat auf die Gesetzgebung des Bundes Einfluss nehmen, was wohl als die wichtigste Kompetenz der Länder anzusehen ist.[19]

3.2.1 Mitwirkung der Länder durch den Bundesrat

Bundesgesetze, die im gesamten Gebiet der Bundesrepublik eine Geltung haben, werden gemeinsam vom Bundestag und dem Bundesrat beschlossen. Neben dem Bundestag, dem Bundespräsidenten, der Bundesregierung und dem Bundesverfassungsgericht zählt der Bundesrat zu den sogenannten fünf ständigen Verfassungsorganen der Bundesrepublik. Der Bundesrat ist hierbei von großer Bedeutung, da er das zentrale Organ der föderalen Ordnung darstellt. Auf der Bundesebene werden die Bundesländer nämlich durch den Bundesrat vertreten. Die Mitglieder des Bundesrates sind demnach Vertreter der sechzehn Länderregierungen, die abhängig von der Bevölkerungszahl des Landes bis zu sechs Stimmen verfügen können.[20]

Das Mitwirkungsrecht der Bundesländer an der Gesetzgebung ist zudem im Artikel 79 Absatz 3 des Grundgesetzes fest verankert und darf auch nicht berührt werden. Grundsätzlich wird unter zwei Arten von Gesetzen unterschieden: den Einspruchsgesetzen und den zustimmungsbedürftigen Gesetzen. Bei den Einspruchsgesetzen fällt der Einfluss der Bundesländer allerdings deutlich gering aus, denn Gesetze können hier auch ohne eine mehrheitliche Zustimmung des Bundesrates wirksam werden.[21]

Deutlich anders sieht es in den Fällen der zustimmungsbedürftigen Gesetzen aus. Hier handelt es sich um Gesetze, die nur dann zustande kommen können, wenn sie auf mehrheitliche Zustimmung des Bundesrates stoßen. Stimmen die Mitglieder des Bundesrates dem Gesetz nicht zu, kann es sogar dazu führen, dass das Gesetz an dieser Stelle scheitert.[22] Hinsichtlich der Gesetze, die eine mehrheitliche Zustimmung vom Bundesrat benötigen, legt das Grundgesetz folgendes fest:

---

[18] Vgl. Schubert (2018), S. 162

[19] Vgl. https://www.bmi.bund.de/DE/themen/verfassung/staatliche-ordnung/foederalismus-und-kommunalwesen/foederalismus-und-kommunalwesen-node.html (Stand: 18.04.2021, 19:25 Uhr)

[20] Vgl. Schmidt (2018), S. 203

[21] Vgl. Schmidt (2018), S. 209

[22] Vgl. Schmidt (2018), S. 209

- Gesetze, welche eine Änderung des Grundgesetzes zur Folge haben benötigen eine „[…] Zustimmung von zwei Dritteln der Mitglieder des Bundestages und zwei Dritteln der Stimmen des Bundesrates"[23];

- Gesetze, welche einen Einfluss auf die Finanzstrukturen der Bundesländer haben, wie etwa Änderungen in den Bereichen der Lohn- und Einkommensteuer, der Gewerbesteuer oder der Mehrwertsteuer;

- Gesetze, die einen Einfluss auf die Verwaltung der Länder zum Zwecke bundeseinheitlicher Verfahren haben.[24]

Abbildung 2:   Mitwirkung bei Zustimmungsgesetzen: Der Weg eines
                 Gesetzentwurfs der Bundesregierung[25]

Anmerkung: Die Abbildung wurde aus urheberrechtlichen Gründen durch das Lektorat entfernt.

---

[23] Vgl. Artikel 79 Absatz 2 Satz 1 Grundgesetz der Bundesrepublik Deutschland (GG)

[24] Vgl. https://www.bundesrat.de/DE/aufgaben/gesetzgebung/zust-einspr/zust-einspr-node.html (Stand:19.04.2021, 07:45 Uhr)

[25] Vgl. de.html

In Fällen, in denen sich der Bundestag und der Bundesrat bezüglich der Gesetzgebung nicht einig werden wird der sogenannte Vermittlungsausschuss miteinbezogen. Dieser besteht aus sechzehn Mitgliedern des Bundestages sowie sechzehn Mitgliedern des Bundesrates. Der Ausschuss vermittelt dann zwischen Bundestag und Bundesrat mit dem Ziel Kompromisse zu finden, um das jeweilige Gesetz gültig werden zu lassen.[26]

3.2.2 Funktionen des Bundesrates

Der Bundesrat erfüllt ohne Zweifel sehr wichtige Funktionen. So werden durch den Bundesrat die Interessen und Einwände der Länder auf Bundesebene mit berücksichtigt. Entscheidend ist auch, dass der Bundesrat eine Kontrollfunktion seitens der Länder gegenüber dem Bund innehat. Die Tatsache, dass die Länder an der Bundesgesetzgebung mitwirken, soll sicherstellen, dass die politische Macht nicht zu einseitig zugunsten des Bundes übergeht.[27]

3.3. Finanzbeziehungen zwischen dem Bund und den Ländern

Ein weiteres Thema, welches im Bezug auf die Beziehungen zwischen Bund und Ländern eine nicht ganz unbedeutende Rolle einnimmt sind die Finanzbeziehungen, deren Neuordnung nach jahrelangen Verhandlungen ab dem Jahr 2020 gilt. Zentrale Fragestellungen wie etwa wer wie viel von den Steuereinnahmen erhält und wie hoch die Summe ist, welche finanziell starke Bundesländer und finanziell schwache Bundesländer abgeben beziehungsweise benötigen, werden in den Bund-Länder-Finanzbeziehungen behandelt.[28]

Jährlich werden Milliardensummen an Steuereinnahmen zwischen dem Bund und den Ländern umverteilt. Gemäß den Artikeln 104a-108 des Grundgesetzes besteht für den Bund und die Länder ein „gleichmäßiger Anspruch" auf erzielte Staatseinnahmen.[29] Genauer betrachtet gibt es Einnahmen, die nur dem Bund zustehen und andere wiederum nur den Bundesländern. So stehen unter anderem die gesamten Einnahmen, die durch die Erhebung der Erbschaftssteuer erzielt werden ausschließlich den Bundesländern zu. Einnahmen aus der Umsatzsteuer, der Körperschaftssteuer und der Einkommenssteuer stehen allerdings dem Bund und den Ländern gemeinsam zu. Diese müssen anschließend eine Verteilung dieser Einnahmen vornehmen. Der Zweck

---

[26] Vgl. Von Beyme (2016), S. 380

[27] Vgl. https://www.bundesrat.de/DE/aufgaben/gesetzgebung/gesetzgebung-node.html (Stand: 20.04.2021, 20:40 Uhr)

[28] Vgl. Papier (2018), S. 72

[29] Vgl. Hesse (2012), S. 170

der Verteilung ist es, eine gleichmäßige Deckung der Ausgaben von Bund und Ländern, die im Rahmen ihrer gesetzlichen Aufgaben entstehen, zu gewährleisten.[30]

Die eigentlichen Ziele der Bund-Länder-Finanzbeziehungen sind es, einen bundesweiten Ausgleich zu schaffen und dafür zu sorgen, dass Steuerpflichtige nicht überbelastet werden. Außerdem sollen dadurch die Lebensverhältnisse im gesamten Bundesgebiet gleichwertig und einheitlich bleiben.[31]

4. Kritische Betrachtung der föderalen Ordnung Deutschlands

Um die föderale Ordnung Deutschlands besser beurteilen zu können und die Kritik an ihr nachzuvollziehen ist es notwendig, diese aus unterschiedlichen Perspektiven kritisch zu betrachten. Festzustellen ist, dass sie eine Reihe von Vor- und Nachteilen mit sich bringt.

4.1. Vorteile der föderalen Ordnung

Zu den Vorteilen gehört unter anderem der Aspekt, dass durch die klare Kompetenzverteilung zwischen dem Bund und den Ländern ein Machtmissbrauch seitens des Bundes verhindert oder zumindest reduziert werden kann. Gerade die Möglichkeit der Einflussnahme auf die Gesetzgebung durch den Bundesrat, ermöglicht es den einzelnen Bundesländern ihre jeweiligen Interessen mit einbringen zu können. Bestimmte Gesetze kann also der Bund nicht alleine durchsetzen. Es bedarf der Zustimmung auf Länderebene, was im Allgemeinen einer einseitigen Machtausübung entgegenwirkt.[32]

Ein weiterer entscheidender Vorteil ist es, dass die einzelnen Bundesländer durch den Föderalismus in der Lage sind ortsbezogene und damit konkretere Entscheidungen zu treffen. Es gibt in vielen Fällen Herausforderungen und Probleme, die nur in bestimmten Regionen vorzufinden sind. Für den Bund mit Sitz in Berlin wäre es also nicht immer möglich diese genau zu beurteilen und auf die Region zugeschnittene Entscheidungen zu treffen. Die jeweiligen Landesregierungen sind durch ihre Ortsnähe weitaus besser in der Lage, individuelle Probleme zu bewerten und zu lösen.[33]

Zudem ist noch der Vorteil zu erwähnen, der sich aus dem sogenannten Subsidiaritätsprinzip ergibt. Hierunter ist zu verstehen, dass öffentliche und staatliche Aufgaben

---

[30] Vgl. https://www.bundesfinanzministerium.de/Monatsberichte/2021/03/Inhalte/Kapitel-3-Analysen/3-1-bund-laender-finanzausgleich-2020.html (Stand: 21.04.2021, 11:15 Uhr)

[31] Vgl. Hesse (2012), S. 170

[32] Vgl. https://www.bpb.de/izpb/160181/zukunft-des-foederalismus (Stand: 23.04.2021, 12:40 Uhr)

[33] Vgl. Rudzio (2019), S. 313

soweit wie möglich von der niedrigsten politischen Einheit angegangen werden sollten. Dies gewährleistet nicht nur die Eigenständigkeit der Länder, sondern trägt maßgeblich zur Entlastung des Bundes bei. Der Bund kann sich dadurch mehr auf seine Zuständigkeiten wie etwa der Außen- und Währungspolitik widmen.[34]

4.2. Nachteile der föderalen Ordnung

Ein wesentlicher Kritikpunkt hinsichtlich des deutschen Föderalismus sind die Unterschiede der Bildungssysteme in den jeweiligen Ländern. Durch die unterschiedlichen Bestimmungen ist eine Vergleichbarkeit zum Beispiel im Bezug auf das Abitur nur sehr begrenzt möglich. Auch die Mehrheit der deutschen Bevölkerung sieht das als besonders nachteilig an. So stimmen laut einer Umfrage circa neunundachtzig Prozent einer Vereinheitlichung des Bildungssystems zu.[35]

Außerdem kann das Mitspracherecht der Länder im Bundesrat, das sich einerseits als vorteilhaft erwiesen hat, andererseits zu einer Ineffizienz in der Entscheidungsfindung führen. Durch die unterschiedlichen Interessen kann es dazu kommen, dass zwischen Bundestag und Bundesrat so lange verhandelt werden muss bis es zu einer Einigung kommt. Das kann mitunter sehr viel Zeit in Anspruch nehmen, weshalb ein Gesetzgebungsverfahren in Deutschland auch etwa zweimal zeitaufwendiger ist im Vergleich zu einem Staat wie Großbritannien.[36]

Nicht zuletzt ist noch der Kostenfaktor der föderalen Ordnung zu erwähnen. Da die einzelnen Bundesländer über ihre eigenen Regierungen, Parlamente und Gerichte verfügen, entstehen zum Teil sehr hohe Verwaltungskosten, die letztlich durch die Steuerpflichtigen mit finanziert werden müssen.[37]

4.3. Föderale Beziehungen in der Corona-Pandemie

Der Ausbruch des neuartigen Coronavirus und die damit einhergehende Pandemielage lenkte noch einmal große Aufmerksamkeit auf den deutschen Föderalismus und den Beziehungen zwischen dem Bund und den Ländern. Bestimmte Entscheidungen im Zuge der Bekämpfung der Pandemie wurden seit Beginn stark kritisiert.[38]

Das Gesetz zum Infektionsschutz wurde zwar vom Bund angeordnet, allerdings bleiben Angelegenheiten zum Infektionsschutz weiterhin Sache der einzelnen Bundesländer. So kann etwa der Bundesgesundheitsminister oder das Robert-Koch-Institut in

---

[34] Vgl. https://www.bpb.de/nachschlagen/lexika/pocket-europa/16951/subsidiaritaetsprinzip (Stand: 23.04.2021, 15:00 Uhr)

[35] Vgl. https://www.sueddeutsche.de/bildung/bildung-mehrheit-laut-umfrage-fuer-einheitlicheres-bildungssystem-dpa.urn-newsml-dpa-com-20090101-200902-99-399141(Stand: 25.04.2021, 16:15 Uhr)

[36] Vgl. https://www.bpb.de/izpb/160181/zukunft-des-foederalismus (Stand: 25.04.2021, 17:00 Uhr)

[37] Vgl. https://www.bpb.de/izpb/160181/zukunft-des-foederalismus (Stand: 25.04.2021, 19:00 Uhr)

[38] https://www.bpb.de/apuz/314343/foederalismus-in-der-corona-krise (Stand: 26.04.2021, 11:00 Uhr)

diesem Fall keine Forderungen durchsetzen, sondern lediglich Empfehlungen aussprechen, die die Länder im Anschluss befolgen können. Bedingt durch die Eigenständigkeit der Länder kam es in jüngster Vergangenheit zu teils sehr voneinander abweichenden Verordnungen. Während zum Beispiel in einigen Bundesländern Schulschließungen seitens der Länder beschlossen wurden, fanden in anderen Bundesländern weiterhin Großveranstaltungen statt.[39] Trotz ständiger Treffen und Beratungen zwischen dem Bund und den Ländern ist es in weiten Teilen nicht dazu gekommen sich auf eine einheitliche Strategie zur Bekämpfung der Pandemie zu einigen. Ganz im Gegenteil: Die Verordnungen der einzelnen Bundesländer in den Bereichen wie etwa der Maskenpflicht, dem Verbot von Beherbergungen oder den Ausgangsbeschränkungen fielen zum Teil so unterschiedlich aus, dass medial oft von einem „Flickenteppich" die Rede war.[40]

Auch ist keine bundeseinheitliche Öffnungsstrategie in Sicht. Während noch einige Bundesländer vor zu schnellen Öffnungen angesichts der raschen Ausbreitung des Virus warnen, lassen andere Bundesländer nach und nach Öffnungen ihrer Läden zu. Dies schadet nicht nur der Beziehung zwischen dem Bund und den Ländern, sondern auch der Beziehung unter den Ländern selbst. So lösten Öffnungen in bestimmten Bereichen Verwirrungen in Nachbarländern aus, da diese zuvor überhaupt nicht damit rechneten.[41]

5. Fazit und Ausblick

Festzustellen ist, dass die Kritik an der föderalen Ordnung der Bundesrepublik Deutschland zunehmend wächst. Der wohl aktuellste Anlass hierfür ist der Umgang mit der Corona-Pandemie, die seit dem Jahr 2020 in Deutschland kaum noch wegzudenken ist. Von einem „Flickenteppich" der Verordnungen ist oftmals die Rede, wenn Bund und Länder ihre Schritte zur Bekämpfung der Pandemie darlegen. Aspekte der föderalen Ordnung, die grundsätzlich erst einmal positiv zu sehen sind wie zum Beispiel das Mitspracherecht der Bundesländer auf der Bundesebene, können in Zeiten der Pandemie äußerst nachteilig sein.

Durch lange und durchaus mühsame Verhandlungen zwischen Bund und Länder in Angelegenheiten der Regelungen wird meist sehr viel Zeit in Anspruch genommen. Gerade die rasche Ausbreitung des Virus erfordert aber ein schnelles Handeln von Bund und Ländern. Außerdem wächst auch die Kritik an dem Bildungsföderalismus

---

[39] Vgl. https://www.sueddeutsche.de/politik/corona-schutzmassnahmen-deutschland-infektionsschutz-1.4839336 (Stand: 27.04.2021, 08:25 Uhr)

[40] Vgl. https://taz.de/Corona-Massnahmen-in-Deutschland/!5720029/ (Stand: 28.04.2021, 20:20 Uhr)

[41] Vgl. https://www.tagesschau.de/inland/innenpolitik/oeffnungen-flickenteppich-101.html (Stand: 28.04.2021, 21:30 Uhr)

gerade während der Pandemiesituation. Während in einigen Bundesländern das soge-nannte Homeschooling auf dem Plan steht, müssen Schüler in anderen Bundesländern am Präsenzunterricht teilnehmen.[42]

Für die Zukunft der föderalen Ordnung Deutschlands sind unterschiedliche Faktoren von sehr großer Bedeutung. Zum einen ist es wichtig auf der einen Seite die Kompe-tenzen der Bundesländer wie etwa die Eigenständigkeit weiterhin zu schützen. Auf der anderen Seite ist es aber auch wichtig, gerade im Hinblick auf die Corona-Pandemie, einem sogenannten „Flickenteppich" innerhalb des Bundesgebietes entgegenzuwirken.

Bund und Länder sollten in Situationen wie dieser einen gemeinsamen und einheitli-chen Weg beschreiten, damit vor allem auch das Vertrauen der Bevölkerung gegen-über dem Staat erhalten bleibt und nicht durch zu unklaren oder unübersichtlichen Ent-scheidungen schwindet.[43]

---

[42] Vgl. https://www.ndr.de/kultur/Die-Vor-und-Nachteile-des-Foederalismus-in-Corona-Zeiten,foederalismus104.html (Stand: 29.04.2021, 19:00 Uhr)

[43] Vgl. Papier (2018), S. 76

6. Quellen- und Literaturverzeichnis

Fachliteratur (Monografien):

Schmidt, Manfred Gustav: Das politische System der Bundesrepublik Deutschland, 4. Auflage, München 2018

Papier, Hans-Jürgen/Münch, Ursula/Kellermann, Gero: Föderalismus - Der deutsche Bundesstaat in der Europäischen Union, 1. Auflage, Baden-Baden 2018

Von Beyme, Klaus: Das politische System der Bundesrepublik Deutschland - Eine Einführung, 12. Auflage, Wiesbaden 2016

Hesse, Joachim Jens/ Ellwein, Thomas: Das Regierungssystem der Bundesrepublik Deutschland, 10. Auflage, Baden-Baden 2012

Schubert, Klaus/Keil, Johannes: Demokratie in Deutschland, Münster 2018

Rudzio, Wolfgang: Das politische System der Bundesrepublik Deutschland, 10. Auflage, Wiesbaden 2019

Internet:

o.V.: Föderalismus, auf: Homepage des digitalen Wörterbuchs der deutschen Sprache DWDS, 07.04.2021, 14:00 Uhr, https://www.dwds.de/wb/Föderalismus

Sturm, Roland: Landespolitik, auf: Homepage der Bundeszentrale für politische Bildung, 17.04.2021, 12:30, https://www.bpb.de/izpb/159364/landespolitik?p=0

o.V.: Zukunft des Föderalismus, auf: Homepage der Bundeszentrale für politische Bildung, 23.04.2021, 12:40 Uhr, https://www.bpb.de/izpb/160181/zukunft-des-foederalismus

o.V.: Föderalismus, auf: Homepage der Bundeszentrale für politische Bildung, 08.04.2021, 12:00 Uhr, https://www.bpb.de/nachschlagen/lexika/politiklexikon/17497/foederalismus

o.V.: Bundesstaat, auf: Homepage der Bundeszentrale für politische Bildung, 12.04.2021, 19:00 Uhr, https://www.bpb.de/nachschlagen/lexika/pocket-politik/16355/bundesstaat

o.V.: Subsidiaritätsprinzip, auf: Homepage der Bundeszentrale für politische Bildung, 23.04.2021, 15:00 Uhr, https://www.bpb.de/nachschlagen/lexika/pocket-europa/16951/subsidiaritaetsprinzip

o.V.: Föderalismus und Kommunalwesen, auf: Homepage des Bundesministerium des Innern, für Bau und Heimat, 08.04.2021, 12:45 Uhr, https://www.bmi.bund.de/DE/themen/verfassung/staatliche-ordnung/foederalismus-und-kommunalwesen/foederalismus-und-kommunalwesen-node.html

o.V.: Gesetzgebungszuständigkeiten von Bund und Ländern, auf: Homepage des Deutschen Bundestages, 13.04.2021, 18:40 Uhr, https://www.bundestag.de/parlament/aufgaben/gesetzgebung_neu/gesetzgebung/bundesstaatsprinzip-255460

o.V.: Grundgesetz für die Bundesrepublik Deutschland, auf: Homepage des Bundesministeriums für Verbraucherschutz und Justiz, 15.04.2021, 10:00 Uhr, https://www.gesetze-im-internet.de/gg/art_73.html

o.V.: Föderalismus und Kommunalwesen, auf: Homepage des Bundesministeriums des Innern, für Bau und Heimat, 18.04.2021, 19:25 Uhr, https://www.b-mi.bund.de/DE/themen/verfassung/staatliche-ordnung/foederalismus-und-kommunalwesen/foederalismus-und-kommunalwesen-node.html

o.V.: Gesetzgebungsverfahren - Zustimmungs- und Einspruchsgesetze, auf: Homepage des Bundesrats, 19.04.2021, 07:45 Uhr, https://www.bundesrat.de/DE/aufgaben/gesetzgebung/zust-einspr/zust-einspr-node.html

o.V.: Bundesrat - Aufgaben, auf: Homepage des Bundesrats, 20.04.2021, 20:40 Uhr, https://www.bundesrat.de/DE/aufgaben/gesetzgebung/gesetzgebung-node.html

o.V.: Der Finanzausgleich zwischen Bund und Ländern im Jahr 2020, auf: Homepage des Bundesfinanzministeriums, 21.04.2021, 11:15 Uhr, https://www.bundesfinanzministerium.de/Monatsberichte/2021/03/Inhalte/Kapitel-3-Analysen/3-1-bund-laender-finanzausgleich-2020.html

o.V.: Mehrheit laut Umfrage für einheitlicheres Bildungssystem, auf: Homepage der Süddeutschen Zeitung, 25.04.2021, 16:15 Uhr, https://www.sueddeutsche.de/bildung/bildung-mehrheit-laut-umfrage-fuer-einheitlicheres-bildungssystem-dpa.urn-newsml-dpa-com-20090101-200902-99-399141

o.V.: Föderalismus in der (Corona-)Krise? Föderale Funktionen, Kompetenzen und Entscheidungsprozesse, auf: Homepage der Bundeszentrale für politische Bildung, 26.04.2021, 11:00 Uhr, https://www.bpb.de/apuz/314343/foederalismus-in-der-corona-krise

o.V.: Warum die Schutzmaßnahmen bundesweit so unterschiedlich sind, auf Homepage der Süddeutschen Zeitung, 27.04.2021, 08:25 Uhr, https://www.sueddeutsche.de/politik/corona-schutzmassnahmen-deutschland-infektionsschutz-1.4839336

o.V.: Chaos bei den Ladenöffnungen, auf Homepage der Tagesschau, 28.04.2021, 21:30 Uhr, https://www.tagesschau.de/inland/innenpolitik/oeffnungen-flickenteppich-101.html